자신의 성서 탐구

네비게이토 선교회는
국제적이며 복음적인 기독교 기관이다.
예수 그리스도께서는 자기를 따르는 자들에게
"너희는 가서 모든 족속으로 제자를 삼으라"
(마태복음 28:19)는 지상사명을 주셨다.
네비게이토 선교회는 세계 모든 국가에서
예수 그리스도의 일꾼들을 배가시켜
이 지상사명의 성취를 돕는 것을
근본 목표로 하고 있다.

네비게이토 출판사는
네비게이토 선교회의 문서 선교를 담당하고 있다.
본 출판사에서는 그리스도인의 영적 성장을 돕는
서적과 자료들을 출판하여,
그리스도인의 삶의 기초가 견고한
헌신된 제자로 성장하게 하고,
나아가 성숙한 인격과 지도력을 갖춘
일꾼이 되도록 돕고 있다.

자신의 성서 탐구

Search the Scriptures on your own

SCL10

Studies in Christian Living

그리스도인의 생활 연구 제10권

네비게이토 출판사
TO KNOW CHRIST AND TO MAKE HIM KNOWN

당신 자신의 성경공부

당신은 집에서 스스로 성경공부를 합니까? 물론 당신 스스로도 할 수 있습니다. 당신이 '**그리스도인의 생활 연구**' 제7권, 8권, 9권을 공부하였다면 당신은 개인 성경공부를 위한 과정을 모두 끝내었습니다. 성경공부를 통해서 당신이 직접 진리를 발견해 내며 결론을 이끌어 내고 또 그것을 당신의 삶에 적용시키는 성경공부를 스스로 계속해 나갈 준비를 갖추었습니다.

그러나 당신이 만일 이 성경공부 시리즈의 앞의 책들을 공부하지 않았다면 어려울 것입니다. 아직 공부하지 않았다면 7권, 8권, 9권을 모두 마칠 때까지 이 책의 공부를 보류하기 바랍니다.

게임을 끝에서부터 시작하지 마십시오. 사실상 당신은 1권에서 6권까지의 공부에서도 많은 유익을 얻었을 것입니다. 이것들은 그리스도인 생활의 필수 요소들에 대한 주제별 공부입니다. 그러나 당신의 관심이 오직 깊이 있게 파고드는 성경 연구에 있다면 제7권 '**소망의 생활**'부터 시작하십시오. 7권에서 당신은 데살로니가전서를 한 장 한 장 공부하게 되며, 8권과 9권에서는 요한일서와 빌립보서를 점진적으로 단계를 높여 가며 계속 공부하게 됩니다.

'**자신의 성서 탐구**'를 통해 한 주 한 주 계속되는 당신의 개인적 성경공부는 당신의 성경 지식을 쌓아 주고 풍족하게 해줄 것이며, 주님과의 교제를 계속하도록 도와주고, 또 당신이 다른 사람들을 가르칠 수 있도록 확립시켜 줄 것입니다. 그리고 당신이 말씀을 당신의 생활에 성실하게 적용해 나갈 때 이 말씀은 당신이 더욱더 그리스도의 인격을 닮아 가도록 도와줄 것입니다. 이 목표를 달성하고자 하면 매주 당신의 성경공부가 요구하는 시간과 노력을 성실하게 투자해야 합니다. 당신의 규칙적인 개인 성경공부를 방해하는 것은 결코 용납하지 않겠다고 지금 결심하기 바랍니다.

잠언 2:1-5은 지혜와 지식과 명철의 보배로운 말씀을, 감추인 보배를 찾는 것 같은, 은을 구하는 것 같은 자세로 탐구하라고 우리에게 깨우쳐 줍니다. 예수님께서는 요한복음 5:39에서 성경 말씀에 대해 "이 성경이 곧 내게 대하여 증거하는 것이로다"라고 말씀하십니다. 또 누가복음 24:44에서도 주님께서는 "모세의 율법과 선지자의 글과 시편에 나를 가리켜 기록된 모든 것이 이루어져야 하리라 한 말이 이것이라"고 단언하십니다. 이와 같이 예수님께서는 자신이 모든 성경에 계시되었다는 사실을 보여 주셨으며, **성경공부의 근본 동기는 그리스도를 더 잘 알기 위한 것**이란 점을 우리에게 확증하여 주십니다.

당신 자신이 공부할 첫 번째 책으로 골로새서나 야고보서를 추천합니다. 그 후에 계속 공부할 책들과 장들은 16-17페이지에 소개되어 있습니다.

첫째 주에는 7권, 8권, 9권에서와 같이 당신이 공부할 책에 대한 예비 공부를 하십시오. 그 다음 주부터는 한 장 한 장씩 그 책을 공부해 나가십시오. 마지막 주에는 11페이지에 설명한 것처럼 공부한 책을 요약하십시오. 예비 공부를 할 때는 백지를 사용하고 각 장들을 공부할 때는 이 책에 첨부된 성서 탐구 용지를 사용하십시오.

매주 하는 성경공부의 중요한 부분을 깊이 묵상하십시오. 그리스도께서 약속하신 대로 성령께서 당신을 가르쳐 주시기를 바라십시오(요한복음 16:13과 14:26).

I. 예비 공부

데살로니가전서, 요한일서 및 빌립보서를 공부할 때 발견한 사실과 같이, 한 장 한 장을 분석해 나가기 전에 공부할 책에 대하여 간단한 예비 조사를 하고 그 책과 익숙해지는 것이 도움이 됩니다. 아래의 방법은 예비 공부를 위한 좋은 지침입니다.

1. 당신의 성경에 있는 관주나 지도 또는 성경 핸드북을 사용해서 그 책의 배경을 설명하는 자료들을 수집하십시오.

   (1) 저자는 누구인가?

   (2) 언제 어디서 기록되었는가?

   (3) 누구에게 썼는가?

   (4) 기록한 동기는 무엇인가? 저자의 목적은? 해결하고자 하는 문제점은? 주고자 하는 중요한 교훈은?

   (5) 이 책이나 이 책의 저자에 대해 복음서와 사도행전에 기록된 자료는 어떤 것이 있는가? (성구사전은 저자나 관계된 장소에 대한 참조 구절을 찾는 데 도움이 됩니다.)

2. 한 번에 그 책을 통독하십시오.

3. 그 책에 대한 하나 또는 그 이상의 주제들을 적어 가며 다시 읽으십시오. 각 주제에 대한 중요한 구절들을 기록하십시오.

4. 이 주의 공부 가운데 다루어진 어느 부분에 관한 간단한 개인 적용을 기록하십시오.

II. 각 장 공부

각 장의 공부를 시작할 때 전반적인 이해를 갖기 위해 적어도 한 번은 그 장을 통독하십시오. 그 장이 앞의 장들과 어떻게 관계를 맺고 있는가 연구해 보십시오. 한 절 한 절을 묵상하면서 천천히 다시 읽으십시오.

각 장의 공부는 요약 혹은 개요, 참조 구절, 문제점, 적용 등으로 나누어 해나갈 수 있습니다. 순서는 당신이 좋아하는 대로 하십시오. 제일 뒷면에는 낱말의 정의들을 정리하십시오.

1. 내용 분석

당신의 성경공부 중 이 부분에서는 그 장의 내용을 요약 또는 개요의 형태로 당신 자신의 말로 기록합니다. 한 부분에 지나치게 치중하거나 다른 부분을 빠뜨리지 않고 균형 있게 그 장의 모든 부분을 다루도록 노력하십시오.

요약을 하려면 먼저 그 장을 여러 번 읽은 후 한 번에 한 부분씩 집약적이면서 또한 완전한 형태로 바꾸어 보십시오. 먼저 각 문단을 풀어 쓴 후에 당신이 풀어 쓴 것을 요약해도 좋습니다. 훌륭한 요약은 절당 2-8어절입니다.

만일 요약식 개요(요약과 개요의 절충 형식)로 하려면 요약을 한 후 각 문단이나 또는 각 문단을 더 작게 나눈 것에 간단한 제목을 붙이십시오. 모든 제목은 서로 형태가 비슷해야 합니다. (예: 그리스도인의 삶, 충성스럽게 하나님을 섬김, 그리스도의 재림을 기다림.) 요약식 개요를 하는 또 하나의 방법은 그 장을 읽은 후 문단이나 부분으로 나누어 각 부분에 제목을 붙이고 그 제목 밑에 그 부분의 요약을 하는 것입니다.

그 장을 개요의 형태로 하려면 각 장의 주요 부분이나 문단에 큰 제목을 붙이고 각 제목의 밑에 작은 제목을 적으십시오. 큰 제목들은 형태가 비슷해야 하며 작은 제목들도 역시 서로 조화를 이루고 주 문단의 제목과 각각 연관성이 있어야 합니다. 필요하다면 더 세분할 수도 있습니다.

2. 참조 구절

성경에 대한 가장 훌륭한 주석은 성경 자체입니다. 각 장을 공부하면서 그 장과 비교되는 성경의 다른 부분들을 찾아보는 것은 유익을 가져다주는 훈련입니다. 이렇게 할 때 성경 말씀의 한 부분이 다른 부분을 밝혀 줍니다.

그 장의 중요한 구절들을 뽑고, 그 구절들에 대하여, 같은 내용을 담고 있거나 예를 제시해 주는 참조 구절들을 찾으십시오.

먼저 당신이 기억하고 있는 성경 말씀 중에서 찾도록 노력하고 그 다음에 성구사전이나 당신 성경의 관주를 사용하기 바랍니다. '중심 사상' 밑에 당신이 공부하는 장의 구절과 연관되는 사상이나 내용을 기록하십시오.

성서 탐구 용지의 참조 구절 난이 부족하면 마지막 페이지를 사용하십시오. 마지막 페이지는 당신이 공부해 나가다가 어느 부분이든 지면이 부족할 때 사용토록 마련한 것입니다.

3. 문제점

공부를 해나가는 동안 문제점이 나타날 것입니다. 나타난 문제를 간단 명료하게 기록하십시오. 단지 '4절- 이해할 수 없음'이라고 하지 말고 특별한 단어나 사상과 이에 대해 당신이 알고자 하는 것이 무엇인지를 적으십시오.

공부를 다 끝낸 후 성구사전이나 주석 또는 다른 참고 서적을 사용하여 해답을 찾아보십시오. 9권에 해답을 찾는 요령이 소개되어 있습니다.

4. 적용

이 부분은 당신의 성경공부 중 가장 가치 있는 부분이 될 것입니다. 성경공부한 것 가운데 당신에게 필요한 것을 말해 주는 말씀이나 부분을 기도하는 가운데 선택하고 이것을 적용하고자 하는 방안을 기록하십시오. 적용은 당신과 하나님과의 관계에 관한 것일 수도 있고, 당신과 다른 사람과의 관계에 관한 것일 수도 있습니다. 적용은 계발하거나 바꾸어야 할 태도, 형성하거나 버려야 할 습관, 취하거나 떠나야 할 행동 등도 포함됩니다.

분명한 적용을 위하여 9권에 설명한 것같이 당신의 적용을 세 부분으로 적으십시오. 성경은 당신이 어떠한 사람이 되어야 하며 무엇을 생각하고 행해야 한다고 가르치는가? 이 점에 있어서 현재 당신의 삶은 어떠한가? 이 일에 대해 주님께서 당신이 하길 바라시는 것이 무엇이라고 생각하는가?

이러한 실제적인 방법으로 한 주 한 주 하나님의 말씀을 당신의 생활에 규칙적으로 적용하는 것은, 계속 영적으로 성장하며 당신의 삶이 나날이 하나님의 뜻을 따르도록 도와줄 것입니다.

III. 책 요약

당신이 한 권의 책을 한 장 한 장 공부하여 마친 후에는 9권에서 빌립보서를 공부할 때 한 것처럼 당신이 배운 것을 복습하고 함께 묶어 보십시오. 이러한 순서로 하면 됩니다.

1. 예비 공부를 복습하십시오.

2. 각 장의 요약 혹은 개요 부분을 다시 검토해 보고 문단의 제목들을 정리해 적으십시오.

3. 적용들을 다시 읽고, 그것들에 대해 기도하고, 적용한 것을 실천에 옮기는 데 어떠한 진보가 있었는지 생각해 보십시오. 이 책에서 당신에게 가장 중요한 도전이나 교훈이 된 것은 무엇입니까? 주님께서 당신이 적용한 것에 대해 실천하기를 바라시는 것이 더 있습니까?

당신이 한 그 책의 성경공부를 더욱 풍성하게 하기 위해 몇 가지 특별한 연구 과제들을 제시합니다.

1. 당신이 한, 책 요약이나 개요를 지침으로 사용해서 5-10어절 정도로 그 책의 제목을 쓰십시오.

2. 각 장에 대해 5-10어절의 제목을 쓰십시오.

3. 공부한 책에서 당신이 특히 좋아하는 장이나 구절을 쓰십시오.

Ⅳ. 당신의 다음 공부

한 책에 대한 공부를 마칠 무렵에 당신은 다음에 어느 책을 공부할 것인지 결정해야 합니다. 당신이 골로새서를 막 끝냈다고 가정한다면 당신이 공부해야 할 다음 책들의 순서는 야고보서, 마가복음, 베드로전서, 디모데후서, 로마서입니다.

당신이 신약성경 전체를 통하여, 지속적 공부 계획을 따르기를 원하면 16페이지에 제시한 공부 순서를 활용하십시오. 이 순서는 내용과 길이에 있어서 당신의 공부 프로그램에 다양성과 균형을 이루도록 정돈된 것입니다.

또한 약간의 구약성경의 장들을 포함시켰습니다.

Ⅴ. '자신의 성서 탐구'를 그룹에서 활용하는 방법

'자신의 성서 탐구'는 오랫동안 그룹 성경공부를 위한 토대로 사용하기에 탁월한 공부 방법으로 증명되었습니다. 다른 사람들과 함께 모여 발견한 진리와 축복들과 문제들을 나누는 것은 성서적인 것이며 보람 있는 일입니다.

만일 그 그룹이 7권, 8권, 9권을 공부하지 않았다면 스스로 성서 탐구를 할 수 있도록 단계적 가르침을 주는 위의 책들을 우선적으로 공부해야 합니다.

성서 탐구 성경공부 그룹이 형성되면 매주 만나는 정기적 날짜를 정하고 시작 시간과 끝나는 시간을 결정하십시오. 신약의 서신서 중 하나를 택하십시오. 사도행전이나 복음서들은 그룹 공부에서 시작하는 것으로는 너무 깁니다. 모인 사람이 8명 이상이면 토의를 위해서 두 그룹으로 나누는 것이 좋습니다. 각 사람은 그 주에 공부할 장을 완전히 공부해 와야 하며, 토

의는 공부한 것의 일부 또는 모든 부분에서 발견된 사실들을 중심으로 이루어져야 합니다.

그룹에 속한 사람들이 매주 한 장 전체를 공부하는 데 시간과 능력이 부족하다면, 그 장의 일부분을 공부해 나감으로써 더 적은 분량에 대해 공부의 각 분야를 완전히 하는 것이 좋습니다. 이렇게 하는 것은 완전한 공부를 하기에 능력이 부족하여 낙심하게 될 사람에게 성취감을 줄 것이며, 그의 역량이 자라 감에 따라 지속적인 공부 습관을 형성하는 데 도움이 될 것입니다.

VI. 공부 자료가 필요합니까

네비게이토 출판사의 성경공부 자료는 기독교 서점에서 쉽게 구입할 수 있습니다.

자신의 성서 탐구 (예)

자신의 성서 탐구

말씀 빌립보서 1장

날짜 2011. 3. 2.

요약 또는 개요 (이 장은 무엇을 말하는가?)

칭찬과 도전 (1-11절)

바울과 디모데는 빌립보에 있는 성도들에게 문안한다. 바울은 복음 안에 있는 그들의 교제를 감사하고 그들의 삶 속에서 하나님의 역사가 계속될 것을 확신한다. 바울은 그들의 사랑과 총명이 자라서 가장 선한 것을 분별하며 열매가 풍성한 삶을 살 것을 위해서 기도하고 있다.

옥중에서도 기뻐함 (12-18절)

그는 자신의 투옥이 복음 증거에 진보가 된 것을 인해 오히려 기뻐했다. 어떤 이들은 참마음으로 전했고, 또 어떤 이들은 바울에게 고통을 더하게 하려고 전했으나, 어쨌든 복음은 전파되었던 것이다.

사나 죽으나 그리스도를 위하여 (19-26절)

바울의 유일한 소망은 사나 죽으나 그리스도를 존귀하게 하는 것이었다. 죽음은 그를 그리스도 앞으로 데려가지만 이 땅에서의 삶은 그로 하여금 그들 가운데서 주님의 사역을 하게 한다.

하지 못하는 점)

그리스도인이 성도들로 간주되었는가?

착한 일이란 무엇인가?

선한 것을 어떻게 분별할 것인가?

그리스도를 성공적으로 증거하려면 경쟁심이나 이기심으로 해도 되는가?

구절은 어떻게 말하는가?)

		중심 사상
		빌립보에서의 바울의 선교
		쉼 없는 기도
		타락으로부터의 보호
		영적 자녀들에 대한 바울의 심정
11	갈5:22-23	성령의 열매
12	창 50:20	하나님께서는 악을 선으로 바꾸심
13	엡 6:20	옥에 갇힌 바울
14	살전 2:2	담대한 전도
18	고전 2:1-2	그리스도를 전파하는 일의 중요성

(요약 계속)
그는 성도들의 유익을 위해 이곳에 더 살게 될 것을 확신했다.

화목과 인내 (27-30절)
바울은 빌립보 성도들에게 한마음으로 고난을 받으며 일하는 것이 자기 자신뿐 아니라 또한 그들을 향하신 하나님의 부르심이라고 확신시키고 있다.

(참조 구절 계속)

21	갈 2:20	우리의 생명이신 그리스도
23	고후 5:8	몸을 떠나 주님과 함께함
24	벧후 1:13-15	어린 그리스도인들을 도움
27	롬 15:5-6	한마음
		그리스도 안에서의 고난

적 용 (이 장은 나에게 무엇을 말해 주는가?)

12절 - 이 말씀은 바울이 고난과 역경이라도 때로는 하나님의 축복의 도구로 사용되며 하나님의 성실하심을 나타내 주는 것임을 깨달은 사실을 말해 준다.

나는 번번이 특별한 어려움이나 고통을 허락하시는 하나님의 궁극적인 목적을 알지 못하고 내가 처한 환경을 원망하곤 한다. 최근 어쩔 수 없는 사정으로 우리 회사에 일손이 달리게 되었다. 이로 인해 나는 원래 다른 사람들이 해야 할 일들을 하느라 밤샘을 해야 했다. 처음에는 이것 때문에 짜증도 나고 불만도 생겨 불평을 늘어놓았다. 그러나 이 일을 하면서 나는 일하는 방법을 몇 가지 개선할 수 있었다. 이런 환경을 통해 하나님께서는 선을 이루어 주신 것이다.

앞으로는 원망하거나 불평하는 죄를 짓지 않기 위해 "하나님을 사랑하는 자 곧 그 뜻대로 부르심을 입은 자들에게는 모든 것이 합력하여 선을 이루느니라"(로마서 8:28) 하신 하나님의 약속은 어떤 상황에서나 진리임을 은혜 안에서 믿음으로 주장하겠다. 이 축복을 묵상하는 데 도움이 되도록 12절 말씀을 암송하겠다.

신약성경 각 권의 공부 순서

책	장수
데살로니가전서 (그리스도인의 생활 연구 7권)	5
요한일서 (그리스도인의 생활 연구 8권)	5
빌립보서 (그리스도인의 생활 연구 9권)	4
골로새서	4
야고보서	5
마가복음	16
베드로전서	5
디모데후서	4
로마서	16
디모데전서	6
요한복음	21
에베소서	6
사도행전	28
갈라디아서	6
고린도전서	16
디도서	3
히브리서	13
베드로후서	3
누가복음	24
요한이서	1
요한삼서	1
고린도후서	13
데살로니가후서	3
마태복음	28
유다서	1
빌레몬서	1
요한계시록	22

성서 탐구 공부를 위해 선택한 구약의 장들

출애굽기 20장

창세기 3장

시편 1편

시편 23편

사무엘상 17장

역대하 20장

다니엘 6장

이사야 52:13-53:12

이들 중요한 구약성경의 장들은 성서 탐구 공부에 적합한 것들입니다.

공부에 다양성을 주기 위해 몇 권의 신약성경 책들을 공부한 후 한두 장씩 공부해도 됩니다.

자신의 성서 탐구

말씀 ______________________

날짜 ______________________

요약 또는 개요 (이 장은 무엇을 말하는가?)

문 제 점 (내가 이해하지 못하는 점)

참조 구절 (다른 성경 구절은 어떻게 말하는가?)

구절	참조 구절	중심 사상

적 용 (이 장은 나에게 무엇을 말해 주는가?)

자신의 성서 탐구

말씀 ______________________

날짜 ______________________

요약 또는 개요 (이 장은 무엇을 말하는가?)

문 제 점 (내가 이해하지 못하는 점)

참조 구절 (다른 성경 구절은 어떻게 말하는가?)

구절	참조 구절	중심 사상

적 용 (이 장은 나에게 무엇을 말해 주는가?)

자신의 성서 탐구

말씀

날짜

요약 또는 개요 (이 장은 무엇을 말하는가?)

문 제 점 (내가 이해하지 못하는 점)

참조 구절 (다른 성경 구절은 어떻게 말하는가?)

구절	참조 구절	중심 사상

적 용 (이 장은 나에게 무엇을 말해 주는가?)

자신의 성서 탐구

말씀 ______________________

날짜 ______________________

요약 또는 개요 (이 장은 무엇을 말하는가?)

문 제 점 (내가 이해하지 못하는 점)

참조 구절 (다른 성경 구절은 어떻게 말하는가?)

구절	참조 구절	중심 사상

적 용 (이 장은 나에게 무엇을 말해 주는가?)

자신의 성서 탐구

말씀

날짜

요약 또는 개요 (이 장은 무엇을 말하는가?)

문 제 점 (내가 이해하지 못하는 점)

참조 구절 (다른 성경 구절은 어떻게 말하는가?)

구절	참조 구절	중심 사상

적 용 (이 장은 나에게 무엇을 말해 주는가?)

자신의 성서 탐구

말씀 ____________________

날짜 ____________________

요약 또는 개요 (이 장은 무엇을 말하는가?)

문 제 점 (내가 이해하지 못하는 점)

참조 구절 (다른 성경 구절은 어떻게 말하는가?)

구절	참조 구절	중심 사상

적 용 (이 장은 나에게 무엇을 말해 주는가?)

자신의 성서 탐구

말씀 ______________________

날짜 ______________________

요약 또는 개요 (이 장은 무엇을 말하는가?)

문 제 점 (내가 이해하지 못하는 점)

참조 구절 (다른 성경 구절은 어떻게 말하는가?)

구절	참조 구절	중심 사상

적 용 (이 장은 나에게 무엇을 말해 주는가?)

자신의 성서 탐구

초판 1쇄 발행 : 1973년 4월 1일
3판 1쇄 발행 : 2011년 6월 1일
3판 4쇄 발행 : 2021년 12월 10일

펴낸곳 : 네비게이토 출판사 ©
주소 : 03784 서울시 서대문구 연희로 16 (창천동)
전화 : 02) 334-3305(대표), 334-3037(주문), FAX : 334-3119
홈페이지 : http://navpress.co.kr
출판등록 : 1973년 3월 12일 제10-111호

ISBN 978-89-375-0397-9 03230